MW00473550

¡Que chille la cazuela

RECETAS DESDE EL CORAZÓN DE GUERRERO

ISBN 978-1-940106-03-8

MarQ Creative Group Publishing
www.marqcreative.com
Copy Editor & Creative Director: Sergio Alonso
Copy Editor: Carolina Daza
Art Design: Elisheba Basurto
Photography: Miguel Ordaz

*Especial agradecimiento a mis tres hermanas Juanita, Francis,
Cristy Flores, y a mi esposo José Valdez, por ayudarme a cocinar
los platillos para este recetario.*

¡Que chille la cazuela

RECETAS DESDE EL CORAZÓN DE GUERRERO

SILVANA FLORES

Las recetas que les comparto son una creación de platillos
que han pasado de generación en generación en mi familia
y que muchos de ellos han sido modificados por mi,
son recetas caseras que con mucho cariño y nostalgia
aprendí de mi madre en mi hermoso pueblo
de **Colonia Guerrero.**

índice

Desayunos

Pa' langarear

Sopas

Platos Fuertes

Guarniciones

Pa' las gusgueras

Con todo mi cariño y admiración para mis padres
por darme la mejor infancia y los mejores valores.
A mis hijos y esposo a quienes amo desde lo más profundo
de mi corazón.

Silvana Flores

n la sierra guerrerense, a unas horas de Tlacotepec, existe un poblado muy pequeño llamado Colonia Guerrero, un pueblito lleno de terracería, sin servicios básicos como el agua, con muy pocas vías de acceso, pero bellamente rodeado de espesa naturaleza, fuertes tradiciones, una gastronomía deliciosa y, por supuesto, todas mis raíces. Fue en este lugar en el que se centra mi historia, donde desarrollé mi pasión por la creación, la cocina, y sin lugar a dudas, es donde viví los años más hermosos de mi infancia.

En Colonia, las familias suelen ser generosas y mi casa no fue la excepción. Con diez hijos, un esposo y una casa que atender, mi madre fue la que me enseñó las maravillas que se pueden crear con tan pocas herramientas. Al vivir en un poblado tan alejado, muchos ingredientes frescos o que forman parte de la canasta básica mexicana eran muy costosos y complicados de conseguir, por lo que mi madre hacía maravillas con las herramientas que tenía a su alcance, demostrándose que para cocinar, no se necesita más que una mente ingeniosa. Incluso con toda esa escasez de ingredientes, te aseguro que no existe restaurante más delicioso que se compare con la comida casera de mi mamá.

Fue así como la mayoría de mi infancia la pasé entre cazuelas burbujeantes, chiles tostados y atoles acanelados que perfumaban maravillosamente toda la casa. Aunque al inicio me involucré con tareas muy pequeñas que iban desde lavar el nixtamal hasta recoger leña o lavar platos, mi madre me hizo ver que no importaba que tan pequeña fuera la actividad, sino la participación que tenía cada uno en los platillos que se servían. En ese aspecto, cada comida se convirtió en una experiencia única en la que toda la familia ponía su granito de arena, se reunía a disfrutar, a compartir y amar, todo gracias a la practicidad, creatividad y a la sazón de mi madre; rasgos que sigo aplicando en mi cocina hasta el día de hoy con mis hijos y mi esposo.

A pesar que hoy me encuentro a miles de kilómetros de este hermoso pueblo, cada que hago un molito, unas tortillas, un atole o unos simples frijolitos, el sabor me transporta a aquella sierra guerrerense en donde nuestros más grandes pasatiempos se enfocaron en perseguirnos, jugar a las muñecas, bañarnos en el río, cazar luciérnagas, bailar y comer en familia.

Son estas emociones y añoranzas las que me llevaron a generar contenido en redes sociales, pues en ellas encontré una manera de compartir con el mundo un pedacito de mi tradición, y lo que comenzó como un pasatiempo, poco a poco se fue consolidando hasta formar la gran comunidad que hoy existe, una comunidad que gusta de la buena comida.

El recetario que tienes en tus manos nace a partir de mi deseo de contar mi historia por medio de los platillos que marcaron mi vida. En las siguientes páginas quiero sumergirlos en mi pueblo con el afán de que saboreen un poco del sazón familiar característico que ha traspasado de generación en generación.

De igual manera, es una forma de demostrar que no existen limitantes, que todos los sueños se pueden cumplir no importa de donde vengas, siempre y cuando lo hagas con pasión y respetando quién eres. Este texto es una invitación para que todos mis seguidores alcen la voz, se atrevan a experimentar, a crear delicias con pocos ingredientes y, finalmente, para compartir con todos ustedes un pedacito de mis raíces.

Este recetario es para todos ustedes.

Silvana

Desserts

ATOLE
de cacahuate

4 tazas

INGREDIENTES

2 tazas de cacahuate pelado
6 tazas de agua
1 raja de canela
Azúcar al gusto

PREPARACIÓN

- Las 2 tazas de cacahuate ponlas a dorar en un comal a fuego lento, cuida que no se queme, deja enfriar y retira la cáscara delgada del cacahuate para evitar amargor en tu atole.

- Hierve 4 tazas de agua con una raja de canela y espera a que hierva.

- Posteriormente, licua las 2 tazas de cacahuate con 2 tazas de agua (sin canela) que quede bien molido para lograr una mejor consistencia.

- Agrega la mezcla al agua hirviendo con una raja de canela y añade azúcar a tu gusto.

- Mueve constantemente por aproximadamente 2 minutos y recuerda cocinar a fuego bajo, "sin cuachalotadas", para que no se les pegue o queme.

- Por último, deja hervir por 3 minutos más y apaga el fuego. Tu atole estará listo para servir.

[1] Granos de maíz que se mezclan con agua y cal, y se muelen para preparar tortillas.

Los días en Colonia Guerrero comenzaban al salir el sol. A las seis de la mañana despertábamos con los ruidos de la naturaleza y con los cantos de los gallos. Mis hermanas y yo nos alistábamos para moler el nixtamal[1], acomodar camas, barrer el patio y poner la mesa; mientras tanto, escuchábamos un grito de mi madre "vengan a echarse un puntalito", lo más importante para ella era darnos algo calientito en el estómago para tener la energía necesaria y resistir la larga jornada de trabajo que nos esperaba en el campo.

Los atoles de galleta, de calabaza o de cacahuate (dependiendo de la temporada) hechos de masa espesa era un desayuno muy común en mi rancho, eran bebidas que se realizaban desde cero y con eso me refiero a que la familia Flores sembraba, cultivaba, tostaba y molía el cacahuate hasta crearlo.

Hoy, trato de imitar la vida de mi rancho al preparar este atolito a mis guachitos para consentirlos y llevarlos conmigo a los días más lindos de mi niñez, una infancia en donde no existía la definición de escasez.

CHILE
de huevo

4 porciones

INGREDIENTES

5 chiles guajillos o california
3 chiles de árbol
1 rodaja de cebolla
5 huevos
1 diente de ajo
3 tazas de agua
Sal

PREPARACIÓN

- Corta todos los chiles y desvénalos[2].

- Dora los chiles en un comal a fuego lento, cuida que no se quemen, de lo contrario la salsa se amargará.

- Enjuaga los chiles en agua corriente y estarán listos para moler, posteriormente licua los chiles con 3 tazas de agua y el diente de ajo.

- Una vez licuada la salsa, te recomiendo que la cueles para lograr una textura tersa, más tarde la usarás. Mientras tanto, bate el huevo en un plato hondo, añade la rodaja de cebolla y la sal al gusto.

- En un sartén agrega aceite, "váyale tanteando", una vez que el sartén esté pre calentado vierte el huevo, deja que esté medio cocido y entonces voltea el huevo para que tenga una cocción perfecta. Divide el huevo en la misma sartén en pequeñas porciones.

- Por último, vierte la salsa al sartén con el huevo, sazona al gusto y deja hervir a fuego bajo hasta que espese. Así de fácil tus huevos estarán listos, acompáñalos con frijoles refritos y tortillas hechas a mano (es opcional).

[2] Quitar las nervaduras o semillas a los chiles para disminuir el picor.

El chilito de huevo era lo que más hacíamos en las mañanas. Mi mamá se levantaba y revisaba si ya había puesto huevos la gallina en el nido, y si teníamos suerte, se cocinaba este almuerzo. Uno de los ingredientes que siempre estaban presentes en las comidas de mi pueblo eran los chiles guajillos secos debido a la variedad de recetas en las que los podíamos usar.

Desde muy chiquillas mi mamá nos decía: "No estén atenidas a que yo les haga todo, esmérense, hagan las cosas bien", y bajo este dicho ella nos enseñó a cocinar y a valernos por nosotras mismas.

Cada vez que cocino este platillo, me recuerdo recolectando los huevos fresquitos de las gallinas, y veo a mi madre tatemando y moliendo los chiles, también se viene a mi memoria mis hermanas poniendo a calentar el comal y haciendo tortillas a mano. Hoy en día, cada que tengo oportunidad cocino esta receta, sin duda alguna es uno de mis almuerzos favoritos.

CHOCOLATE
artesanal

4 tazas

INGREDIENTES PARA EL CHOCOLATE EN POLVO

1 libra (453.59 gramos)
de Cacao[3]

15 almendras

4 paquetes de galletas tipo María

3 ½ tazas de azúcar

4 cucharadas de canela
en polvo

2 tazas de agua

PREPARACIÓN

- En un comal pon a tostar el cacao a fuego bajo. Cuando la cáscara se despegue con facilidad, retira el cacao del comal, ten cuidado que ningún grano se queme o se amargará la mezcla.

- Una vez frío, quita las cáscaras del cacao y aparta en un recipiente.

- Tuesta las almendras en el comal a fuego bajo hasta que se ahumen.

- Con un molino de mano, tritura el cacao previamente tostado, y las galletas. Luego integra las 3 ½ tazas de azúcar y las 15 almendras.

- Agrega 4 cucharadas de canela en polvo y muele nuevamente todo para que se integren los ingredientes. Recuerda que debe quedar bien molido.

- Separa tu chocolate en polvo en un recipiente (tendrás suficiente para usar en futuras ocasiones).

INGREDIENTES PARA EL ATOLE

4 tazas de agua por 2 tazas de chocolate (es opcional usar agua o leche)

PREPARACIÓN

- Pon a calentar el agua o la leche y añade el chocolate en polvo, te recomiendo usar molinillo o una cuchara, mueve lentamente y dejar hervir por cinco minutos hasta lograr una consistencia espesa. Sirve caliente y tómalo en tus días fríos y lluviosos.

[3] Fruto del árbol del cacao que se utiliza como ingrediente para preparar diferentes platillos, el más destacado es el chocolate.

Aunque el chocolate se podía preparar en cualquier época, era muy común servirlo en bodas, quinceaños, cumpleaños o clausuras de año; y nosotros, siendo tan langaritos, ya nos andaba a que llegaran estas fiestas para tomarlo acompañado de un pan blanco muy sencillo.

El secreto de este chocolate en mi pueblo era, además de su preparación tradicional, la frescura de los productos que se molían ya que lo hacíamos desde cero, lo cual requería de mucha paciencia.

Recuerdo que muchas veces era yo quien molía el cacao con las almendras recién tostadas, así que cada vez que tengo oportunidad de hacerlo en mi casa pongo a mi langarito más pequeño a hacer brazo para que vaya aprendiendo las costumbres y las tareas de mi rancho.

La Langaréau

TAMALES
verdes y rojos

2 docenas

INGREDIENTES

SALSA ROJA

9 chiles guajillos
9 chiles california
1 chile pasilla
1 cabeza de ajo
1 cebolla completa
15 pimientas negras
(chica)
15 clavos de olor
Sal al gusto
6 tazas de agua
2 hojas de laurel

SALSA VERDE

25 tomatillos verdes
3 chiles serranos
3 chiles jalapeños
1 cabeza de ajo
16 clavos de olor
20 pimientas negras
½ cebolla
2 pizcas de comino
4 tazas de agua
1 cda. de caldo de pollo
en polvo

ADICIONALES

2 pechugas de pollo
(tamales verdes)
1 libra (453.59 gramos) de
maciza de cerdo
Hojas de mazorca para
tamales
4 libras (1.8kg) de masa
pre hecha para tamales
10 tazas de caldo
de pollo
2 tazas 4 oz de manteca
1 cucharada de royal
1 1/4 cucharada de sal

PREPARACIÓN SALSA ROJA

- Limpia los chiles y córtalos en pedacitos.
- En un sartén añade aceite y vierte los chiles, agrega 4 dientes de ajo y un pedazo de cebolla a fuego bajo hasta dorarla.
- Una vez que todo esté dorado, licuar.
- Asegúrate de moler muy bien para que no queden grumos en la mezcla.
- En una cazuela pon aceite y una rodaja de cebolla, una vez que esté bien dorada, baja el fuego y agrega la mezcla de la licuadora hasta "que chille la cazuela", sazona con un poco de sal.
- Hierve la mezcla y remueve por un minuto, déjala a fuego lento por 5 minutos más y deja espesar la salsa.

COCCIÓN DE LA CARNE

- En una cazuela vierte las 6 tazas de agua, incorpora las 2 hojas de laurel, media cabeza de ajo, media cebolla, 15 clavos de olor, una vez que hierva el agua es momento de añadir la carne y deja que se cocine por aproximadamente una hora, apaga el fuego cuando veas que la carne esté perfectamente cocida.

- Para finalizar, drena el agua de la carne y desmenúzala[4], agrégala a la sartén de la salsa roja, prueba y adiciona un poco de sal, en caso de necesitarla, deja reposar por 10 minutos para que se integren los sabores. ¡Listo! Ya tienes tu salsa roja con carne.

PREPARACIÓN SALSA VERDE

- En 4 tazas de agua hierve todos los tomatillos hasta que cambien de color, retíralos del fuego y, entonces, añade los chiles serranos y jalapeños también.
- Después, pon a licuar los chiles y los tomatillos, agrega los clavos de olor, las pimientas y lo que tomes con tus tres dedos de cominos.
- En una cazuela vierte aceite y una rodaja de cebolla, una vez que esté bien dorada bajar el fuego y añade la mezcla de la licuadora y haz "que chille la cazuela", sazona con una cucharadita de sal y media cucharada de caldo de pollo en polvo.
- Hierve la mezcla y remueve por un minuto, deja hervir por 5 minutos más a fuego lento.

COCCIÓN DEL POLLO

- En una cazuela vierte las 4 tazas de agua, con media cebolla, media cabeza de ajo, un poco de sal y las 2 pechugas de pollo completas.
- Deja cocinar el pollo por algunos minutos, separa el caldo, lo usarás más adelante. Una vez que esté cocido, desmenúzalo[4] y ponlo en la sartén con la salsa. Ahora ya tienes lista tu salsa verde.

PROCEDIMIENTO DE ARMADO

- A la masa de tamales (ya pre hecha) añadimos las 10 tazas del caldo de pollo en donde se cocinaron las pechugas, adicionamos 2 tazas 4 oz de manteca, 1 cucharada de royal y una cucharada de sal.
- Amasa muy bien la mezcla con los ingredientes antes mencionados hazlo "sin cuachalotadas" hasta tener una textura aguada y suave.
- Las hojas de maíz lávalas y déjalas que se hidraten por 5 minutos dentro de un contenedor con agua, después del tiempo ponlas a escurrir.
- Comienza a colocar una cucharada de la masa y extiéndela al centro de la hoja.
- Añade la salsa de tu elección y envuélvelos perfectamente, amárralos con un pedacito de hoja de tamal, este proceso lo repites hasta que termines la masa.
- En una vaporera vierte un poco de agua hasta que cubra la base, una vez que ésta esté hirviendo, agrega los tamales.
- Tápalos, te recomiendo colocar también las hojas de maíz sobrantes antes de la tapadera, deja hervir por aproximadamente una hora y media o hasta tener una cocción perfecta.
- ¡Listo! Ahora comparte los tamalitos con toda tu familia.

[4] Acción de dividir en partes delgadas las proteínas.

Una de las razones por las que los tamales de carne no se hacían con frecuencia, era la carencia de carnicerías. En Colonia Guerrero, si queríamos comer carne, se tenía que sacrificar una vaca o un cerdo y repartirlo entre la comunidad para evitar desperdicios.

Mis hermanos y yo saltábamos de alegría cuando escuchábamos que alguien iba a matar un marrano, pues ya sabíamos que durante la semana se comería algo bueno. Cuando el olor del puerco o de la res comenzaba a perfumar el aire, inmediatamente sabíamos que alguien iba a hacer tamales.

Corríamos por el único camino que conectaba todas las casitas en busca de aquel delicioso aroma para descubrir quién preparaba los tamales. Aunque, más que el acto de comer, lo que me llena de nostalgia era la acción de compartir, en Colonia Guerrero no existía el egoísmo.

CHILITO
de queso

4 porciones

INGREDIENTES

Queso de cincho estilo
Guerrero
4 chiles serranos
25 tomatillos
1 diente de ajo
1 jitomate
1 taza de agua

PREPARACIÓN

- En un comal asa los chiles junto con los tomatillos, ya que estén bien tatemados, los colocas en la licuadora y los mueles junto con el diente de ajo y la taza de agua.

- Corta el queso en trozos medianos y fríelos en aceite caliente hasta que se doren, entonces estarán listos para incorporar tu salsa y ahora haz "que chille la cazuela".

- Agrega sal al gusto y deja hervir por 5 minutos a fuego medio.

- Tu chilito de queso está listo, te recomiendo que lo acompañes con frijolitos enteros o refritos.

Durante la temporada de lluvias allá por los meses de septiembre y octubre, mi padre junto a mis hermanos iban a ordeñar las vacas y era cuando podíamos tener leche y prensar quesos frescos.

El chilito de queso era uno de los almuerzos que más se comía en mi rancho porque el ingrediente estrella, el queso, podía durar hasta seis meses sin refrigerar.

Recuerdo las manos de mi madre y de mis hermanas preparando este platillo, que entre más añejo estaba el queso, sabía mejor. Ellas lo preparaban tanto con chile guajillo como con tomatillos verdes, era un almuerzo muy fácil y lo acompañábamos con frijoles, arroz y unas tortillitas bien calientitas.

Soups

CALDO
de res

4 platos soperos hondos

INGREDIENTES

8 chiles guajillos

5 chiles de árbol

15 pimientas negras

15 clavos de olor

1 cabeza de ajo

1 pizca de comino

12 tazas de agua

½ cebolla

1 hueso (espinazo o chambarete)

1 cda. de caldo de pollo en polvo

3 ramitas de hierbabuena

Un chorrito de aceite

PREPARACIÓN

- En una olla para caldo vierte 8 tazas de agua, ¼ de cebolla, media cabeza de ajos, sal al gusto y agrega la carne, cocina a fuego medio hasta que la carne esté perfectamente cocida, pellízcala así como cuando "yo quiero pellizcar a las que me critican", si se deshace la carne en tus dedos, entonces está lista.

- Remoja los 2 tipos de chiles en un contenedor con agua caliente por aproximadamente 5 minutos.

- Enjuaga los chiles con agua corriente, en la licuadora añade los 4 dientes de ajo, las pimientas negras, los clavos de olor y el comino, muele todo con 4 tazas adicionales de agua. Si tu licuadora no muele hasta piedras como la mía, te recomiendo que cueles la salsa.

- En una cazuela pon un chorrito de aceite y una rodaja de cebolla, una vez que esté bien dorada baja el fuego y adiciona la mezcla de la licuadora hasta "que chille la cazuela".

- Agrega sal a tu gusto y una cucharada de caldo de pollo en polvo, sube el fuego y deja hervir por aproximadamente 5 minutos.

- Retira la cebolla y el ajo de la cazuela, entonces es momento de anexar las ramitas de hierbabuena.

- Deja hervir por 15 minutos más y listo, acompáñalo con limón, cebolla y unas tortillas hechas a mano.

Este tipo de caldo se comía una vez al año o cuando había alguna celebración grande en el pueblo, las familias decidían sacrificar una vaca o un becerro para alimentar a todos los familiares. Los platillos con carne, no eran muy tradicionales en la sierra, ya que sin refrigerador tenían que cocinarla al momento, entonces la ponían a salar y a secar.

Este caldo de res es un plato que se prepara muy diferente en mi pueblo que como lo cocinan en California, es por eso que siempre que hago un caldo de res y lo subo a TikTok hay mucha controversia porque mucha gente lo conoce como "cocido de res blanco", pero en mi rancho acostumbramos hacerlo rojo, porque como bien saben, el chile guajillo era lo que más podíamos guardar para sazonar la comida.

Algo que caracteriza este platillo son las verduras, en mi pueblo solo se cosechaba el elote, el ejote y las calabacitas, pero cuando preparaban esta receta en diciembre, una temporada donde no había verdura en el campo, entonces solo se servía el puro caldo; eso sí, con toda la proteína y vitamina de una carne orgánica.

LENTEJAS
con queso

4 porciones

INGREDIENTES

½ taza de lentejas
2 diente de ajo
¾ de cebolla
1 chile japaleño
2 jitomates

1 manojo de cilantro
4 tazas de agua
Sal al gusto
Queso de cincho estilo Guerrero
(puede ser fresco o mozzarella)
1 chile serrano (opcional)

PREPARACIÓN

- En una cacerola pon las 4 tazas de agua, ¼ cebolla, sal, 1 diente ajo y las lentejas, déjalas que se cocinen por aproximadamente 10 minutos y apaga.

- Ahora bien, pica un ¼ de cebolla, el chile jalapeño, un jitomate, un poquito de cilantro y apártalos.

- Te recomiendo moler en molcajete, "no seas cuachalota" o también en tu licuadora el diente ajo y un ¼ de cebolla con media taza de agua.

- En una sartén sofríe la cebolla, el chile y el jitomate que habías previamente picado. Una vez que esté listo, vierte la mezcla molida de la cebolla y el ajo.

- Deja hervir a fuego bajo y no dejes de mover la mezcla hasta lograr una agradable consistencia.

- Agrega esta salsa a la cacerola de las lentejas, añade un poco de más agua si te gustan caldosas. Deja hervir nuevamente por 2 minutos a fuego bajo, incorpora el cilantro picado y al final coloca cubitos de queso.

- Deja reposar por 3 minutos más a fuego bajo y entonces estarán listas tus lentejas. Coloca un chile serrano entero si te gusta lo picoso, éste le dará más sabor.

- Acompáñalas con un poco de aguacate.

En mi rancho era muy común comer sopas de fideo o de lentejas como un tipo de desayuno, esto era únicamente para darnos energía para trabajar. Esta receta es una versión corregida y aumentada de la receta que inventó mi hermana en un intento de no aburrirnos ya que es lo que teníamos que hacer en los pueblos: reinventar las recetas, puesto que en Colonia Guerrero no había mucho que comer.

En mi familia hay que atizarle a la olla si queremos comer, así que casi todos sabemos cocinar con los pocos ingredientes que tenemos. Incluso, hasta el día de hoy, nos llamamos por teléfono para compartir recetas modificadas.

Pienso que más que la sazón de la familia Flores, tenemos creatividad para hacer platillos prácticos y con pocos recursos.

MENUDO
de res

4 porciones

INGREDIENTES

2 libras de libro (900 gramos)
2 libras de panza (900 gramos)
2 libras de menudo surtido
2 libras de patas de res
5 litros de agua
2 cabezas de ajo
¾ de cebolla

12 chiles guajillos
5 chiles california
8 chiles de árbol
1 rama de epazote
1 pizca de orégano
Consomé de pollo en polvo
6 limones
Pizca de comino, pimienta y clavo

PREPARACIÓN

- Pica los 3 tipos de carne en pedazos pequeños, en un recipiente vierte agua corriente y exprime el jugo de 6 limones completos dentro del contenedor. Lava toda la carne con el agua que contiene limón, es un proceso que limpia y quita cualquier mal olor de la carne.
- Drena el agua de limón y añade agua caliente, deja reposar la carne por 3 minutos y entonces retírala.
- En 5 litros de agua agrega ½ cebolla y una cabeza de ajo, ponla a fuego alto y ya que esté hirviendo, incorpora toda la carne y que se cocine aproximadamente, por 4 horas.
- Mientras tanto, pon a dorar los 3 tipos de chile previamente cortados y desvenados, una vez dorados, enjuágalos con agua corriente y es momento de llevarlos a la licuadora, vacía 5 ajos, ¼ de cebolla, la pizca de comino, pimienta y clavo, muele hasta que todo quede bien triturado.
- Fríe en la cazuela un pedacito de cebolla, cuando se dore, baja el fuego y anexa la salsa de la licuadora, y haz "que chille la cazuela", prueba la salsa y sazona a tu gusto con sal y consomé de pollo (opcional), hervir por 5 minutos.
- Posteriormente agrega la salsa a la olla con la carne, añade el epazote y pon a hervir por unos 30 minutos más para que se concentren todos los sabores.
- Quedó listo tu menudo, sirve con cebolla picada, chiles de árbol doraditos y unas gotas de limón. Acompáñalo con unas tortillas hechas a mano.

En diciembre, mis tíos del norte se reunían en el rancho de mis abuelos y una gran fiesta se celebraba. Mi padre y mis hermanos decidían que era un excelente momento para preparar menudo y eso requería sacrificar una res. El proceso de preparación duraba, al menos dos días, ya que consistía en matar la res, tasajear la carne, limpiarla y cocinarla. Mientras los más jóvenes aprovechamos para jugar con nuestros primos, los hombres cortaban a la vaca y las mujeres limpiaban la panza.

Una vez que la panza estaba lista, ya era de noche, así que se encendía una fogata, y las mujeres servían café, atole, aguardiente, tamales y tortillas a los invitados. Mientras que la noche estrellada escuchaba con curiosidad nuestras charlas, veía el burbujeo de la cazuela al hervir, y hasta podía oler los chiles sazonando el caldo. Al amanecer, el menudo estaba listo para comer, así que íbamos al molino por masa fresca y preparábamos tortillas esponjosas a mano para acompañar la deliciosa sopa.

A veces, durante las noches de diciembre, cuando festejo con mi familia la Navidad llegan a mi destellos de mi pueblo: veo a mi familia riéndose alrededor del fuego y huelo el menudo cocinándose.

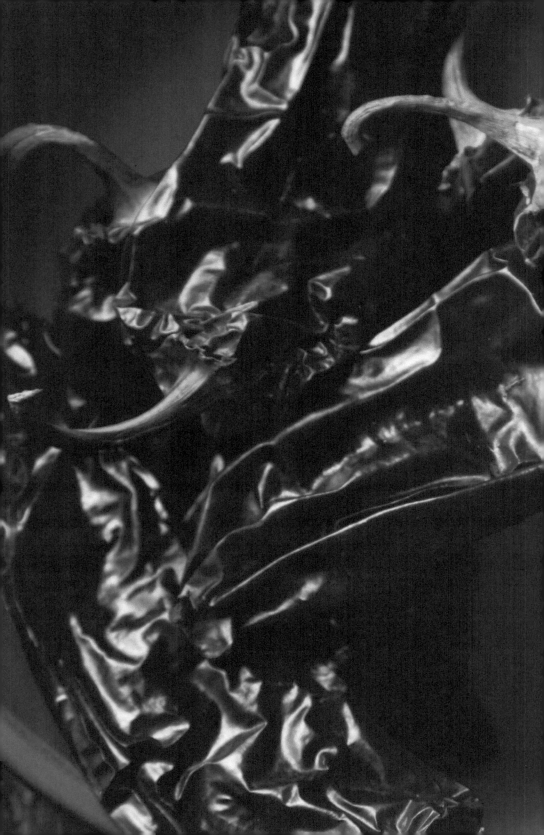

Platos fuertes

CHILE
de cecina

4 porciones

INGREDIENTES

½ libra de carne seca
o cecina (226.79 gramos)
5 chiles de árbol
10 tomatillos verdes
pequeños
2 jitomates
5 pimientas

3 clavos de olor
1 pizca de comino
o lo que agarres con 3
dedos
1 diente de ajo
Sal al gusto
Aceite

PREPARACIÓN

- Corta la carne de cecina en pedazos medianamente pequeños.

- En un comal pon a asar los chiles de árbol a fuego muy bajo para que no se quemen y retíralos del fuego, ahora asa los tomatillos y los jitomates hasta que queden bien quemaditos, después enjuágalos en agua corriente sin que se le quite lo quemadito, eso le dará sabor a la salsa.

- Licua los chiles, los tomatillos, los jitomates y el diente de ajo, hasta que queden bien molidos.

- En un molcajete muele la pimienta, comino y clavo, agrégalos a la licuadora con la mezcla que tienes de los chiles y muele nuevamente de tal modo que se integren perfectamente.

- En una sartén con aceite dora la carne, una vez frita, retira el exceso de aceite de la carne con una toallita. En ese mismo sartén fríe el chile de la licuadora y haz "que chille la cazuela", añade sal al gusto y deja hervir por 5 minutos, finalmente agrega la carne, déjalo reposar 3 minutos más para que suelte el sabor y listo, tu chile de cecina está terminado.

- Este guisado te recomiendo comerlo al instante y acompañarlo con unos frijolitos y con unos trozos de aguacate.

En Guerrero, cuando nos referimos a un platillo con chile, es más bien cuando hablábamos de una salsa verde o roja muy básica. Sin duda alguna el chile guajillo sigue y seguirá siendo uno de mis ingredientes favoritos, en especial cuando se trata de recordar a mi pueblito. El chile de papa, chile de pollo, chile de huevo, entre otros, están hechos con chiles secos y condimentos clásicos de la cocina guerrerense.

Así como hacemos chile con verduras, cuando teníamos la ocasión de comer carne lo preparábamos con salsas tradicionales. El chile de cecina se cocinaba para aprovechar todo el producto de la vaca fresco, así que se hacía de la carne salada y seca que después se freía.

Este plato, aunque es muy fácil de preparar, formaba parte de nuestras comidas comunes y es muy delicioso, lo mejor es que tiene todo el sabor de Colonia Guerrero.

MOLE
verde

4 porciones

INGREDIENTES

1 taza de semilla de pepitas (entera o molida)
2 tazas de caldo de pollo
4 piezas de pollo
2 tomatillos
1 chile jalapeño
3 chiles serranos
4 pimientas
4 clavos de olor
2 pizcas de cominos
2 ramas de epazote
5 tazas de agua
½ cebolla

PREPARACIÓN

- En una olla agrega 5 tazas de agua con media cabeza de ajo, ¼ de cebolla, sal al gusto y cocina las piezas de pollo durante 30 o 40 minutos.

- Mientras, lleva a la licuadora los tomatillos, los chiles, la pimienta, los cominos, y el epazote, también añade las semillas, vierte el caldo de pollo y muele todo hasta lograr una consistencia media, no muy molido (depende de tu gusto).

- En una cazuela anexa aceite y fríe 2 rodajas de cebolla, una vez que está quemada, baja el fuego y vacía lo que se molió y entonces "que chille la cazuela", mueve en una sola dirección con la cuchara, no la dejes dentro o se te cortará.

- Prueba y sazona a tu gusto. Añade la ramita de epazote y un pedacito de hoja de mazorca, eso evitará también que tu mole se corte.

- Hierve por 5 minutos a fuego bajo, coloca el pollo y hierve por 3 minutos más para que suelte el sabor. La textura tendría que ser ligeramente espesa. Quedó listo, disfruta de tu pipián o mole verde delicadísimo.

Esta receta mi mamá siempre la preparaba cuando llegaba la temporada de lluvias, era cuando las milpas estaban bien verdes y las hojas estaban listas para preparar tamales, en mi casa teníamos la costumbre hacer tamales nejos y chile colorado, son dos platillos que acompañaban al delicioso mole verde.

Siempre fue el favorito de mi papá, era un verdadero festín hacerlo y lo más bonito era compartirlo con toda la familia, cada que los preparaba mi mamá invitaba a medio pueblo a la casa, y no importaba si no podían asistir, ya que mis hermanas y yo nos encargábamos de repartir tacitas con su pieza de pollo y su mole a las casitas de mis vecinos.

Mi mamá me enseñó a no ser cuachalota cuando preparo el pipián, por ejemplo, existe una creencia en la que no se puede dejar la cuchara adentro cuando se está preparando o se corta, se cree que el pipián tiene que ser preparado únicamente por unas manos ligeras, rápidas y pacientes porque se trata de un platillo muy celoso, significa que hay que tratarlo con respeto. Un pipián cortado no se lo deseo ni a mi peor enemiga o a todas que critican mi cocina. Yo sigo al pie de la letra las instrucciones de mi madre y siempre me queda tres piedras.

CHILE
colorado

4 porciones

INGREDIENTES

4 piezas de pollo de tu preferencia

3 chiles de árbol

5 chiles california

1 cabeza de ajo

1 chile pasilla

10 pimientas

10 clavos de olor

1 pizca de comino

2 cucharada de ajonjolí

1 ½ tazas de caldo de pollo

4 tazas de agua

½ cebolla

PREPARACIÓN

- En una olla agrega las 4 piezas de pollo con 4 tazas de agua, media cabeza de ajo, ¼ cebolla y sal al gusto. Por aproximadamente 30 minutos o hasta que esté bien cocido el pollo.
- En una sartén, sin aceite, dora el ajonjolí, muévelo constantemente, cuidado por que salta un poco.
- Retira el ajonjolí y en ese mismo sartén vierte un poco de aceite, corta y desvena los chiles, dóralos a fuego bajo para que no se amarguen.
- Agrega ¼ de cebolla y el ajo para que también se doren.
- Ya dorados, llévalos a la licuadora y condiméntalo con clavos, comino y la taza y media de caldo de pollo. Asegúrate que quede bien molida, esta salsa no se cuela, tienen que quedar ligeramente espesa.
- En el mismo sartén de los chiles, vas a freír la salsa, entonces vierte un poco de aceite y dora una rodaja de cebolla, ya que quede bien quemada, sácala, baja el fuego y agrega la salsa, hasta "que chille la cazuela", por que si no chilla, no sabe bueno.
- Añade sal al gusto y deja que hierva a fuego bajo por 5 minutos, si necesitas un poco más de líquido, agrega caldo de pollo.
- Una vez que la salsa haya tomado textura y sabor, pon el pollo previamente cocido, lo dejas hervir por 3 minutos más. Sírvelo y acompáñalo con un poco de arroz blanco o con lo que tengas a tu alcance. Decora con ajonjolí para una mejor presentación.

Cuando mi mamá preparaba el chilito colorado era para acompañarlo con los tamales nejos, ella decía "vamos a hacer tamalitos nejos", y toda la familia iba a ayudarle un día antes a cortar las hojas, a preparar, moler el maíz, y a lavar el nixtamal, esto lo hacíamos a las doce de la noche a la luz de las velas ya que allá no teníamos electricidad. Lo mejor de comer estos dos platillos era la convivencia con mi familia, llegaban mis hermanos, las tías y los tíos, éramos una familia muy unida.

Al chile colorado nosotros le decíamos "mole huevón", ya que es un chile muy sencillito pero muy rico, es un guisado que se preparaba muy seguido en mi rancho. Recuerdo que eran tiempos de lluvias cuando comíamos este platillo y todos los cerros estaban llenos de milpa, de calabaza, de frijol, muy bonita la naturaleza y se respiraba tranquilidad.

Éramos tan inocentes, jugágamos con las luciernagas, con los los elotes de las milpas, íbamos y cortábamos las muñequitas tiernitas con sus pelos rojos, negros y amarillos, había felicidad a pesar de las carencias.

BARBACOA
de pollo

4 porciones

INGREDIENTES

1 pollo entero
6 chiles guajillos o 6 chiles california
(puedes usar cualquiera de los dos)
4 chiles de árbol
5 dientes de ajo
¾ de cebolla
5 hojas de aguacate secas (opcional)
3 hojas de laurel secas
2 cucharadas de consomé de pollo en polvo
Sal al gusto
10 pimientas
3 pizcas de comino
10 clavos de olor
3 onzas de vinagre blanco
"Y como sabe que yo a todo le pongo alcohol"
½ botella de cerveza, la otra mitad
te la tomas tú
3 tazas de agua

PREPARACIÓN

- Lava perfectamente el pollo y destázalo. Déjalo escurrir mientras preparas la salsa. Corta todos los chiles en pedacitos y desvénalos, ponlos a dorar a fuego bajo sin que se quemen, "no hay que ser cuchalotas", si se te queman te va a salir bien amarga la salsa.

- Una vez que estén dorados, retíralos del fuego, enjuágalos en agua corriente y remójalos en un contenedor por aproximadamente 5 minutos. Pasado el tiempo, llévalos a la licuadora, agrega ¼ de cebolla, los dientes de ajo, la pimienta, los clavos y dejas que se muelan muy bien con las 3 tazas de agua, no olvides colarlo para que no te queden grumos.

- Cuando esté colado, vierte la salsa en un contenedor hondo, agrega las 2 cucharaditas de consomé en polvo, las 3 onzas de vinagre blanco, la cerveza y media cucharada de sal. "Ahí, tantéale, no estés atenida a que te esté diciendo todo". Mezcla muy bien todos los ingredientes.

- Baña las piezas de pollo en la salsa y de preferencia utiliza una olla tipo vaporera con una base, comienza a poner unas cuantas piezas de pollo, esta sería la primera capa, las siguientes serían: rodajas de cebolla, hojas de aguacate y hojas de laurel, repite el proceso hasta llenar la vaporera o terminar todos los ingredientes. La salsa que te sobró, échala encima de todas las capas.

- Cocina el pollo con la salsa por aproximadamente 1 hora a fuego lento y revisa constantemente, déjalo hasta que veas que el pollo esté perfectamente cocido ó pellizca el ala para ver si ya se coció.

- La salsa final tiene que quedar con una textura espesa, no caldosa.

- Agrégale unas gotas de limón y sirve con un poco de arroz como guarnición, estoy segura que tu barbacoa te quedó "tres piedras".

Si tuviera que elegir una receta que defina mi amor por Colonia Guerrero, sin dudarlo, sería la barbacoa de pollo ya que cada que hago esa barbacoa siempre me acuerdo de mi mamá.

En mi rancho la barbacoa de pollo se prepara con hojas frescas de aguacate, pero no es cualquier aguacate, es uno especial que crece cerca de mi casa y se le llama aguacate de zorra. El sabor y el olor que suelta la hoja de ese fruto, le da al adobo un sabor especial. Recuerdo que cuando le pedíamos a mi mamá que nos preparara barbacoa, yo misma iba a recolectar hojas y ramas del árbol de aguacate. Todos los niños estábamos muy contentos cuando ella comenzaba a cocinar el adobo, pues sabíamos que íbamos a comer "algo bueno". Mi mamá también nos mandaba a "corretear el pollo", eso era adrenalina pura, luego teníamos que desplumarlo, destazarlo y enchilarlo, pero más que asustarnos, era como un juego para nosotros.

Cuando mi mamá comenzaba a cocinar el pollo junto con el adobo, la casa se empezaba a llenar de un olor tan rico que ya no aguantábamos las ganas de comer, era una sensación de alegría y amor, pues era su manera de consentirnos. A veces, incluso íbamos a comprar un refresco que, por cierto, nos tocaba de poquito porque avisábamos a toda la familia. Cuando comía este guiso, sentía como si cada condimento tuviera un pedacito del corazón de mi madre, y hasta el día de hoy, nadie de los hermanos ha logrado igualar el sabor tan único de su adobo.

COSTILLAS
en salsa roja

4 porciones

INGREDIENTES

1 libra de costillas
de cerdo (453.59 gramos)

4 chiles guajillos

4 chiles california

1 chile pasilla

10 pimientas negras

10 clavos de olor

1 cabeza de ajos

1 pedazo de cebolla

4 taza de agua

Sal al gusto

Hojas de laurel

Aceite o manteca

PREPARACIÓN

- En una cazuela añade 3 tazas de agua, un poco de sal, media cabeza de ajo, hojas de laurel y los clavos de olor, una vez que el agua esté hirviendo coloca la carne previamente lavada. Deja cocinar la carne por aproximadamente una hora. Sácala de la cazuela y ponla a escurrir.

- Mientras tanto, limpia los chiles y córtalos en pedacitos. En un comal a fuego bajo dóralos, cuida que no quemen. Retíralos del fuego, enjuágalos con agua corriente y llévalos a la licuadora, licua con una taza de agua, agrega la pimienta, los clavos de olor, los ajos, hasta que todo quede bien molido, esta salsa no se cuela.

- Para continuar, en una cazuela vierte aceite o manteca y pon a sofreír las costillas, una vez que la carne está bien dorada, retira un poquito de este aceite, pero deja una cantidad considerable para freír con la salsa.

- Es el momento de vaciar la salsa, añade un poco de sal al gusto, una hoja de laurel y deja hervir por aproximadamente 10 minutos a fuego bajo.

- Listo, ya puedes disfrutar de tus costillas, sirve con frijoles y tortillas hechas a mano, "te vas a chupar hasta los dedos de las patas".

Los días tranquilos en el campo de mi pueblo no sólo vuelven a mi por medio de este rico guisado de puerco, sino por aquellos recuerdos familiares que atesoro y trato de compartir con ustedes. Al preparar este plato recuerdo mis tardes trabajando en el campo con mi papá, jugando con mis hermanos a las correteadas y a la matatena, bordando servilletas o jugando basketball con las primas.

Una de las cosas que más extraño es la naturaleza que rodeaba a mi rancho. Escuchar a los pájaros en las mañanas, los pollos, las gallinas, las vacas, los ladridos de los perros, pero también el sonido del viento al pasar por la ramada de bugambilia que construyó mi padre y el sonido de las hojas de los árboles.

Este amor por la naturaleza lo heredé de mi mamá, quien gusta mucho de cultivar distintos tipos de plantas, flores y vegetales.

CHILES
rellenos

4 porciones

INGREDIENTES

4 chiles poblanos
4 jitomates
1 cebolla completa
3 ajos
5 pimentas
5 clavos
1 pizca de cominos

4 tazas de agua
5 pimientos rojos y 5 verdes
Sal al gusto y aceite
Queso de cincho estilo Guerrero
½ taza de harina
Palillos
4 claras y 2 yemas de huevo

PREPARACIÓN

- Tatema los chiles poblanos sin que se te quemen, mételos dentro de una bolsa de plástico para que suden por aproximadamente 5 minutos, la intención es que la piel se les retire fácilmente.
- Abre un poco los chiles para poder desvenarlos, "sin cuachalotadas", te tienen que quedar bien limpios y desvenados.
- Corta el queso de cincho en pequeños rectángulos y rellena los chiles, cierra cada uno de los chiles con un palillo para que no se salga el relleno.
- En un contenedor vierte las 4 claras de huevo y añade un poco de sal, asegúrate que no se te pase ningún pedazo de cascarón, bátelo hasta que se esponje, es momento de incorporar las 2 yemas de huevo que apartaste y bátelas junto con las claras para que se integren. En una sartén vierte aceite y pre caliéntalo a una temperatura media.
- En un plato agrega la harina y capea cada uno de los chiles sobre ella, posteriormente pásalos sobre el contenedor del huevo, es momento de poner los chiles capeados en el aceite, asegúrate de bañarlos constantemente con la ayuda de una cuchara y voltea el chile para lograr una cocción perfecta, sácalos y retira el exceso de aceite con una toalla de papel.
- En una licuadora coloca los tomates, los ajos, la cebolla, los clavos, las pimientas y la pizca de cominos con las 4 tazas de agua.
- En una cazuela, quemamos un trozo de cebolla con aceite y luego fríe la salsa, agrega el caldo de pollo en polvo, sal al gusto y las ramas de cilantro, deja hervir por 5 minutos a fuego bajo y añade el chile pimiento, cebolla y el jitomate en delgadas julianas. Tapa la mezcla y deja que hierva por 1 minuto más, es momento de anexar los chiles, nuevamente coloca la tapa y deja cocinar por 10 minutos más para que el chile tenga una textura suave, recuerda que esta salsa es caldosa.
- ¡Listo! ahora puedes servir tus chiles. Sigue la receta al pie de la letra y te van a quedar "tres piedras".

Toda la familia esperaba con ansia la temporada de cuaresma, mis hermanos y yo nos poníamos muy contentos porque eso significaba que era el momento de cortar el queso enchilado que mi mamá había preparado meses atrás. Llegaba el tiempo de enchiladas, quesadillas, chilaquiles, chiles de queso y los tan esperados chiles rellenos.

En mi pueblo, los chiles rellenos se preparaban capeados en una salsita de jitomate, toda una delicia. Los chiles rellenos era una de las preparaciones más creativas, ya que mi mamá se las ingeniaba para cerrar los chiles con hilo y aguja, con el que cosía la ropa, pero no se confundan, siempre lo retiraba una vez que estaban capeados y cocinados.

Actualmente, en casa con mis hijos, uso palillos para cerrar los chiles, pero siguen sin saberme tan ricos como los que mi mamá hacía, me pregunto si el toque especial era el hilo y la aguja.

ATOLE
de elote

4 porciones

INGREDIENTES DEL ATOLE

15 elotes
4 tazas de agua

1 pizca de sal
1 pizca de azucar
Tequesquite[5]

PREPARACIÓN DEL ATOLE

- Pela bien cada uno de los elotes, retira toda la hoja y los cabellitos, una vez limpios rebana los elotes con un cuchillo, ya que tienes todos los granos, lávalos con agua corriente y escurrélos perfectamente, aparta 3 tazas de esos granos.

- En una olla vierte 4 tazas de agua y agrega las 3 tazas de grano que apartaste, deja que se cocinen por 10 minutos.

- El resto de granos ponlos a licuar, pueden ser juntos o en partes, asegúrate que queden bien molidos y agrégalos a la olla que tenía el agua con los granos.

- Añade una pizca de sal, una de azúcar y si tienes tequesquite, agrégalo. (En media taza con agua pon a disolver el mineral, el agua clarita es lo único que puedes usar, no añadas lo que queda en el asiento).

- Cocínalo a fuego bajo, te recomiendo moverlo constantemente hasta que tenga una textura espesa. Sirve el atole caliente o frío en un plato y agrega un poco de panile.

INGREDIENTES DEL PANILE[6]

1 ramita de epazote
4 chiles serranos crudos

Sal al gusto
½ jugo de limón
¾ de taza de agua

PREPARACIÓN DEL PANILE

- En una licuadora pon a moler los 4 chiles, 1 rama de epazote y los ¾ de taza de agua hasta que todo quede bien molido. Vierte la salsa en un plato, agrega sal al gusto y añade el jugo de medio limón. Así de fácil está hecho tu panile con el auténtico sabor de Guerrero.

[5] Mineral salado que se puede encontrar a lo largo de la República Mexicana y que es usado desde tiempos prehispánicos para sazonar las comidas y como suplemento de la sal de mar.

Este platillo lo hacíamos en la temporada de la cosecha de elotes que duraba de septiembre a octubre. El 14 de septiembre, el día que conocemos como día de la milpa, nos reuníamos en los sembradíos a cosechar los elotes del año y como agradecimiento colocábamos flores en las milpas.

El atole de elote lo podíamos comer en la mañana y era el guiso perfecto para festejar la cosecha. Yo me acuerdo cuando íbamos a cortar los elotes, les quitábamos la hoja, los desgranábamos, lo rebanábamos con el cuchillo y los poníamos a hervir con agua para quitarle todo el cabellito que tenía.

Este atole o sopa, como quieran llamarle, era uno de mis favoritos de la temporada, el panile le daba un sabor exquisito al maíz recién cosechado, además que tiene un sabor distinto si te lo comes frío o caliente, yo prefería tomarlo caliente por el clima húmedo y lluvioso del mes de septiembre.

[6] Salsa tradicional guerrerense preparada con epazote, chiles y limones. Normalmente se usa como acompañamiento a las preparaciones con elote.

Guarniciones

SALSA
habanera

1 plato salsero mediano

INGREDIENTES

4 chiles habaneros
8 tomatillos chicos
1 diente de ajo
½ taza de agua
¼ de cebolla

PREPARACIÓN

- Inicia asando los chiles y los tomatillos en un comal hasta que estén bien dorados, pero sin quemarse. Enjúagalos con agua corriente y llévalos a licuar con 1 diente de ajo y ½ taza de agua.

- En una cazuela, vierte un poco de aceite, y fríe una rodaja de cebolla, una vez que esté bien dorada, baja el fuego, retírala y añade la salsa, y entonces "que chille la cazuela".

- Sazona con sal al gusto, añade unas rodajas de cebolla crudas, y deja cocinar la salsa a fuego bajo hasta que hierva.

- Ya quedó la salsa lista. Es perfecta para acompañarla con todos los platillos de tu elección.

Como en la vida de cualquier joven adulto, llegó un momento en el que tuve que salir de mi hermoso pueblo. A los quince años viajé a Morelos a trabajar como asistente de una señora que tenía una estética. Allí cuidaba a una niña, mientras aprendía a cortar, peinar y teñir el cabello. Este cambio fue un gran choque cultural para mí, porque yo estaba acostumbrada a vivir entre la naturaleza y ahora me enfrentaba a una ciudad.

Aprendí que la gente era distinta hasta en la forma de preparar la comida porque mi dieta diaria incluía frutas y verduras frescas, pero en Morelos había una variedad distinta de alimentos. Uno de los ingredientes que tuve la oportunidad de probar por primera vez fueron los chiles habaneros, una especie de chiles distinta a los que se cultivaban en Colonia Guerrero.

Fue una amiga la que me enseñó a hacer esta salsa que es súper rápida, pero le da mucho sabor a cualquier comida, se convirtió en una de mis guarniciones favoritas y entendí la gran diversidad gastronómica que existía afuera de mi rancho.

ARROZ
blanco

4 platos

INGREDIENTES

1 taza de arroz
3 tazas de agua
Aceite
Chícharos
Zanahorias
Cebolla y ajo
½ cucharada de pollo en polvo

PREPARACIÓN

- Calienta dos tazas de agua, después de unos minutos agrega el arroz (te recomiendo no lavarlo), una vez que hierva por aproximadamente 30 segundos, apaga el fuego y escurre el agua.

- Pica el ajo y un poco de cebolla, agrégalos en una cazuela con aceite previamente caliente y deja sofreír un rato, después coloca el arroz y cocina a fuego bajo por algunos minutos, entonces añade una taza de agua, ½ cucharada de caldo de pollo en polvo, la zanahoria, los chícharos (o la verdura de tu preferencia) a fuego super bajito y la sal. Deja cocinar por 10 minutos para que no te quede batido ni quemado.

- Esponja tu arroz con un tenedor y está listo para servir de guarnición con cualquier platillo.

Recordar mi estancia en el Estado de Morelos me llena de nostalgia, cada uno de esos días para mi fueron una aventura, pues todo era tan diferente a vivir en mi rancho y fue ahí en donde conocí el arroz blanco.

Se me viene a la mente cuando por primera vez lo vi servido en un plato, yo estaba asombrada, lo primero que pensé es que no habían conseguido jitomate al momento de preparar la receta, imaginé que era una arroz insípido y sin chiste, pero cuando lo probé me llevé una gran sorpresa. No solo la consistencia, el sabor era perfecto, el sazón era inmejorable, claro que nunca se comparará con el arroz rojo clásico de mi mamá.

Hoy puedo decir que es el favorito de Valdez y también una de mis guarniciones preferidas, cada que preparo esta receta conmemoro mi paso por Morelos y vuelven a mi hermosas memorias, pues yo estaba sola, lejos de casa y viviendo en lo que para mi era una gran ciudad.

SALSA
de cacahuate

1 plato salsero mediano

INGREDIENTES

½ taza de cacahuate pelado
5 chiles de árbol
¾ de taza de agua
1 diente de ajo
Sal al gusto

PREPARACIÓN

- En un comal dora el cacahuate con todo y cáscara a fuego bajo. Después de un rato, cuando la cáscara interior se despegue fácilmente, es tiempo de retirarlos del fuego y pélarlos.

- Una vez que llenes tu ½ taza con cacahuates ya dorados y pelados, entonces pon a dorar en un comal los chiles (puedes quitar las venas o se las puedes dejar).

- Luego, enjuaga los chiles con agua corriente y llévalos a la licuadora, agrega los cacahuates, el diente de ajo y los ¾ de taza de agua. Sazona con un poco de sal al gusto.

- ¡Listo! Tu salsa será perfecta para añadirla a cualquiera de tus recetas favoritas.

Esta salsa mi mamá la preparaba casi durante todo el año, ya que el cacahuate nos duraba por mucho tiempo. Desde muy chiquillos, mi mamá nos enseñó a que es más fácil hacer las cosas entre todos, por eso, cuando era temporada de cosecha, mis padres y mis hermanos preparábamos el almuerzo y salíamos muy temprano para recolectar el cultivo de cacahuate. Ya de regreso, se ponía a secar para, posteriormente, guardarlo en costalitos.

Por las mañanas, mientras mi mamá hacía las tortillas en el comal, nosotros le ayudábamos a pelar el cacahuate y lo poníamos a dorar, era bien bonito porque sentía que todos trabajábamos, algunos barrían el patio, otros regaban las plantas, y algunos otros le quitaban las ramas secas a la ramada.

Hacer esta salsa me recuerda a esos momentos con mi familia, era muy lindo ver a todos mis hermanos unidos ayudando, recolectando y también disfrutando, "ay como olvidar el sabor de un taquito con salsa y queso". Memorias que las llevaré por siempre en el alma y en el corazón.

D' las gusgueras

EMPANADAS
de arroz con leche

12 piezas o las que te salgan

INGREDIENTES

5 tazas de leche
2 rajas de canela
1 taza de arroz
3 onzas de leche condensada
(o sustituir por azúcar)

1 tazas de harina de trigo
½ taza de agua
Azúcar
Canela en polvo
Un poco de aceite

PREPARACIÓN PARA EL RELLENO

- En una olla a fuego bajo agrega la leche y una raja de canela, lava previamente la taza de arroz y escúrrelo, cocínalo a fuego bajo junto con la leche, pero cuidado durante toda la preparación, no se te vaya a tirar, acuérdate que no hay que andar con cuachalotadas.
- Ya que casi está cocinado se le agregan las onzas de leche condensada para que no se pegue, no dejes de mover hasta que el arroz tenga una cocción perfecta. Todo el proceso tiene que ser a fuego bajo para que no te queden grumos, deja que se enfríe a temperatura ambiente.

PROCEDIMIENTO PARA LAS EMPANADAS

- Agrega en un contenedor o *bowl* la harina y el agua, no pares de amasar hasta que toda la mezcla esté bien integrada, te darás cuenta que casi está lista cuando ya no se pegue la masa en las manos.
- Pásala a una mesa, espolvorea un poco de harina, pon un poco de aceite a tus manos, y trabaja la masa por alrededor de 10 minutos para lograr una textura manejable y blanda.
- Ahora secciona tu masa en pequeñas bolitas, dependerá de tu gusto, la bolita debe de caber en la palma de tu mano.
- Deja reposar las bolitas por unos 3 minutos y comienza a extenderlas una a una con un rodillo, si se te pega en la mesa o en el rodillo, agrega un poco más de harina, el círculo final de masa (tipo tortilla) deberá tener un grosor mediano.
- Con el relleno ya frío, coloca una cucharada en uno de los extremos de la tortilla, dobla al centro hasta formar una media luna. Cierra perfectamente toda la orilla con un tenedor o con pellizcos.
- En una sartén con suficiente aceite comienza a freír las empanadas a fuego medio, voltea para lograr una cocción perfecta de ambos lados.
- Una vez que las saques del aceite, en un plato vierte la ½ taza de azúcar y la canela en polvo (opcional) y espolvorea cada empanada. Listo, las puedes acompañar con un vaso de leche o café, a mi me gusta comerlas solitas.

Me acuerdo que este postre solamente se realizaba cuando ordeñaban a las vacas. Como todos los niños, caso siempre teníamos hambre y estábamos buscando algo que langarear, era entonces cuando mi mamá aprovechaba a cocinar estas empanadas acompañadas de un atole de leche.

Este postre es uno de los más tradicionales en Guerrero, tanto por su facilidad al preparar como por su sabor, además que están hechas de solo cinco ingredientes: leche, arroz, azúcar, harina y canela. Ya para los trece años me hice experta en empanadas y era yo quien se las preparaba a mis sobrinitos.

Mi mamá me enseñó a prepararlas desde muy chamaca porque siempre fui buena con la repostería y también la más antojadiza de todos mis hermanos. Se me llenan los ojos de lágrimas al recordar el fogón encendido, el arroz hirviendo, mientras mi madre trabajaba la masa.

CONSERVA
de mango

4 personas

INGREDIENTES

4 mangos grandes
(que no estén muy maduros)
1 piloncillo entero
1 taza de azúcar
2 tazas de agua

PREPARACIÓN

- Inicia pelando los mangos, y en cada uno realiza unas 5 pequeñas hendiduras verticales en todo el mango, que no estén tan profundas.

- Pon en una olla los mangos enteros, 2 tazas de agua y la taza de azúcar. Agrega también el piloncillo entero o en pequeños pedazos.

- Tapa y cocina a fuego bajo por aproximadamente 1 hora o hasta que veas el caramelo con un tono oscuro y con una consistencia tipo miel, además los mangos deberán estar blanditos.

- Apaga el fuego y están listos para servir, puedes acompañarlos con un atole de maíz blanco o comerlos solos, le darás un gusto a tu corazón.

La temporada de lluvias siempre nos hacía aburrirnos en las tardes. El agua hacía charcos y lodo que no nos dejaban jugar como cualquier chamaquito. En esas temporadas pasábamos las tardes en casa buscando algo dulce para picar y lo que más sobraba en esos meses era la fruta en conserva.

Así que por las mañanas, me trepaba a los árboles para cortar las ciruelas y los mangos, por las tardes mi mamá nos enseñaba a preparar estas conservas dulces que tomábamos con un tradicional atolito de maíz estilo Guerrero. Sin duda, era el postrecito perfecto para cualquier día lluvioso, y para calmar el antojo de algo dulcecito.

La nostalgia me abruma cuando pienso en la tranquilidad de esos días en mi rancho, respirar el aire fresco, ver los árboles y la vegetación, si yo volviera a nacer, pediría volver a nacer en Colonia Guerrero, es lo más bonito que pueda existir.

ROSQUITAS
de pan blanco

7 piezas o las que te salgan

INGREDIENTES

4 tazas de harina
2 ½ cucharadas de levadura
¼ de taza de agua fría
¼ de taza de agua tibia

½ barra de mantequilla
1 pizca de sal
1 huevo
1 taza de manteca vegetal

PREPARACIÓN

- En ¼ de taza de agua disuelve la levadura, y déjala reposar por 5 min.

- En un tazón vierte las tazas de harina, agrega 2 ½ tazas de levadura y una pizca de sal, añade un huevo completo y una taza de manteca vegetal, ½ barra de mantequilla a temperatura ambiente, incorpora la manteca vegetal derretida y finalmente agrega la levadura que previamente dejaste reposar, es momento de mezclar todos los ingredientes.

- Amasa hasta obtener una mezcla homogénea y blandita, luego espolvorea harina en la mesa y extiende la masa, usa un poco de aceite para seguir amasando por alrededor de 10 minutos. "¡Tantéale, no estés atenida a que yo te esté diciendo todo".

- Separa la masa en pequeñas bolitas, te recomiendo que la bolita te quepa en la palma de tu mano.

- Comienza a estirar las bolitas con tus manos de manera que logres una forma alargada de aproximadamente 15.748 inch (40 cm) de largo. Luego, dóblala a la mitad y comienza a trenzar la masa, te recomiendo formar una dona con esas trenzas para lograr las rosquitas.

- Antes de ponerlos a hornear, colócalos sobre una charola y déjalos reposar por 5 minutos a temperatura ambiente, precalienta el horno a 400°F (204°C) y ahora si hornea por aproximadamente 20 minutos o hasta que veas las rosquitas están doradas de ambos lados. ¡Listo! acompáñalas con una taza de chocolate caliente o también las puedes bañar con un poco de miel encima.

En mi pueblo al no haber tienditas y al tener muy pocas opciones dulces para langarear, nos quedaban como alternativas el pan blanco o el pan dulce. En temporada de día de muertos las rosquitas de pan blanco no faltaban, ni en la mesa, ni el altarcito. Pero yo siempre quería más, y le rogaba a mi mamá que me hiciera un kilito de rosquitas nada más para mí. Y como ella sabía lo langarita que era, me las preparaba sin importar qué tan ocupada estuviera.

Lo mejor de hacer el pan blanco era que siempre lo hacíamos juntas, comenzábamos por prender el horno, pero el horno de tierra, no el convencional. Me decía mi mamá: "ándale, vamos por leña al campo" entonces lo llenábamos de leña y nos poníamos a hacerlas. Hoy que soy mamá y tengo a mis dos langaritos, comprendo que la cocina es una manera de consentir a los hijos, y me pongo a pensar lo que sentía mi madre cuando yo le pedía mis rosquitas, sin saber si tenía las posibilidades de hacerlas.

Siempre que hago las rosquitas de pan blanco me acuerdo de mi mamá, una mujer que a pesar de tener diez hijos y largas jornadas de trabajo en el campo y en la casa, se esforzaba y se las ingeniaba para complacernos a todos.

*C*uando era una niña soñaba con tantas cosas que pensaba que jamás tendría, crecí rodeada de mi familia y con el amor de mis padres, hermanos, tíos, primos y el de mis abuelos. Viví en un entorno sano y lleno de hermosa naturaleza, hoy puedo asegurar que, como niña, fui la más feliz.

Creo haber tenido una de las mejores infancias, aunque con muchas carencias y con mucho desconocimiento, el amor y los valores que me inculcaron mis padres fueron los que me ayudaron a salir adelante. Tanto es así que si alguien me pregunta si volvería a nacer bajo las mismas circunstancias, elegiría nacer en el mismo lugar y con la misma familia.

Soy una persona que cree en Dios y se sabe bendecida por él. Como niña, nunca renegué de mis orígenes, ya que estoy segura que él pone en nuestro camino todas las vivencias que nos ayudan a crecer y de las cuales tenemos que aprender.

Hoy pongo en tus manos un sueño que parecía inalcanzable, te agradezco infinitamente el haber cocinado cualquiera de estas recetas que con mucho amor y dedicación preparé para ti.